城市轨道交通行车组织任务工单

班　级________________________

姓　名________________________

学　号________________________

机械工业出版社

目 录

任务工单 1.1　城市轨道交通线路设备认知

任务名称	城市轨道交通线路设备认知	学时		班级	
学生姓名		学生学号		任务成绩	
实训设备、工具及仪器	A4 纸、铅笔、直尺及橡皮胶等	实训场地	理实一体化教室	日期	
任务描述	本任务主要是加强对城市轨道交通线路设备的认识，通过模拟铺画某城市轨道交通线路图，掌握正线、辅助线类型，掌握车站站台不同形式，掌握线路信号机及道岔编号原则，通过任务实施、评价及反馈，帮助学生查找问题，理论结合实践，夯实培养质量。				

一、资讯

1. 线路按其在运营中所起的作用分为________、________、________。
2. 限界一般分为________________、________________和________________。
3. 单开道岔主要由三部分构成：________、________、________。
4. 车站按照站台形式分为________、________和________。
5. 正线下行、上行防护、阻拦信号机等信号机冠以“______”“______”“______”“______”等字母；其下缀编号方法为：下行方向为________，上行方向为________，从________顺序编号。
6. 信号显示的基本颜色为________、________、________三种，再辅以________、________，构成信号的基本显示系统。

二、要求

1. 任务以个人独立进行。
2. 遵守线路铺画相关规定。
3. 准备好所需要的纸张及铺画工具。
4. 明确任务目标，确定任务实施内容。

三、任务实施

1. 学习某城市轨道交通线路图。
2. 查阅资料了解该线路中各个车站站台形式。

3. 利用准备好的工具参照线路图进行铺画工作。
4. 对每组道岔及信号机进行正确编号。
5. 教师考核，学生评价。
6. 对本任务内容的学习情况进行总结。

四、检查

任务完成后，做如下检查：

1. 是否注意规范操作：________________。
2. 是否按照流程进行操作：________________。
3. 工器具及场地是否恢复：________________。

五、评价反思

在教师的指导下，反思自己的工作方式和工作质量。

评价表

项目	评价指标	自评		互评	
专业技能	正确铺画城市轨道交通线路图	□合格	□不合格	□合格	□不合格
	按照任务要求完成作业内容	□合格	□不合格	□合格	□不合格
	完整填写工作页	□合格	□不合格	□合格	□不合格
工作态度	着装规范，符合职业要求	□合格	□不合格	□合格	□不合格
	仔细查阅相关资料和认真学习相关材料	□合格	□不合格	□合格	□不合格
	目标明确，独立完成	□合格	□不合格	□合格	□不合格
个人反思	完成任务的安全、质量、时间和 6S 要求，是否达到最佳程度，请提出个人改进建议				
教师评价	教师签字 年　月　日	成绩			
		□合格		□不合格	

任务工单 1.2　城市轨道交通行车组织机构认知

任务名称	城市轨道交通行车组织机构认知	学时		班级	
学生姓名		学生学号		任务成绩	
实训设备、工具及仪器	A4 纸张、铅笔等工具	实训场地	理实一体化教室	日期	
任务描述	本任务主要是了解行车组织机构，清楚认识行车指挥作业相关岗位人员及其主要作业内容。				

一、资讯

1. 城市轨道交通系统是技术密集型的公共交通系统，行车调度工作由调度控制中心实施，实行________、________、________、________的原则。

2. 运营指挥分为________、________两个指挥层级；________服从________指挥。

3. ________是一个调度区段行车工作的指挥者，负责监控列车的运行状况，及时掌握列车运行、到发情况，发布调度命令。

4. ________主要监控变电所、接触网等和供电相关的各种设备，及时采集各种数据，保证各个车站、列车供电的可靠性与安全性。

5. 统一指挥车站的行车作业的岗位是________。

二、要求

1. 每位同学独立接受并完成工作任务。

2. 明确任务目标，确定任务实施内容。

三、任务实施

1. 学习某城市轨道交通行车组织架构图。

2. 介绍各指挥层次岗位设置情况。

3. 介绍行车组织工作中行车调度员、车场调度员、行车值班员和列车司机四个岗位的职责及相关工作。

4. 教师考核，学生评价。

5. 对本任务内容的学习情况进行总结。

四、检查

任务完成后，做如下检查：

1. 是否注意规范操作：________________。
2. 是否按照流程进行操作：________________。
3. 工器具及场地是否恢复：________________。

五、评价反思

在教师的指导下，反思自己的工作方式和工作质量。

评价表

项目	评价指标	自评		互评	
专业技能	分析及认知城市轨道交通行车组织架构	□合格	□不合格	□合格	□不合格
	按照任务要求完成作业内容	□合格	□不合格	□合格	□不合格
	完整填写工作页	□合格	□不合格	□合格	□不合格
工作态度	着装规范，符合职业要求	□合格	□不合格	□合格	□不合格
	仔细查阅相关资料和认真学习相关材料	□合格	□不合格	□合格	□不合格
	目标明确，独立完成	□合格	□不合格	□合格	□不合格
个人反思	完成任务的安全、质量、时间和6S要求，是否达到最佳程度，请提出个人改进建议				
教师评价	教师签字 年 月 日	成绩			
		□合格		□不合格	

任务工单 2.1　列车开行计划制订

<table>
<tr><td>任务名称</td><td>列车开行计划制订</td><td>学时</td><td></td><td>班级</td><td></td></tr>
<tr><td>学生姓名</td><td></td><td>学生学号</td><td></td><td>任务成绩</td><td></td></tr>
<tr><td>实训设备、工具及仪器</td><td>全日站间 OD 客流数据表、全日分时最大断面客流分布比例表</td><td>实训场地</td><td>理实一体化教室</td><td>日期</td><td></td></tr>
<tr><td>任务描述</td><td colspan="5">本任务主要让学生根据营业时间内分时最大断面客流量、列车定员人数、车辆满载率以及希望达到的服务水平，编制全日行车计划。</td></tr>
</table>

一、资讯

1. ________________：根据站间 OD 客流数据，首先计算出各站上下车人数，然后计算出断面客流量，最后得到最大断面客流量。
2. ________________：是列车编组数和车辆定员数的乘积。
3. ________________：即单位时间内特定断面上的车辆载客能力利用率。
4. 备用车的数量一般控制在运用车数的________左右。
5. 列车开行方案包括________、________和________三部分。
6. 列车交路有________、________、________。

二、要求

1. 每位同学独立完成，接受工作任务。
2. 明确任务目标，确定任务实施内容。

三、任务实施

根据给定编制资料制订客运计划、全日行车计划、车辆运用计划。

1. 编制资料：

1）运营时间：5:00—23:00。

2）早高峰小时（7:00—8:00）站间 OD 客流量数据。

A-H 站间 OD 客流数据详见表 2-1。

表 2-1　A-H 站间 OD 客流数据表

O \ D	A	B	C	D	E
A	—	3260	2000	1960	1950
B	2110	—	21310	2330	6450
C	5800	4920	—	3220	4600
D	5420	4100	3200	—	4400
E	1200	4340	7860	3420	—

3）全日分时最大断面客流分布比例详见表 2-2。

表 2-2　全日分时最大断面客流分布比例表

时间	全日分时最大断面客流量分布比例（%）	时间	全日分时最大断面客流量分布比例（%）
5:00-6:00	15	14:00-15:00	60
6:00-7:00	50	15:00-16:00	60
7:00-8:00	100	16:00-17:00	70
8:00-9:00	70	17:00-18:00	90
9:00-10:00	50	18:00-19:00	60
10:00-11:00	40	19:00-20:00	50
11:00-12:00	45	20:00-21:00	30
12:00-13:00	50	21:00-22:00	20
13:00-14:00	55	22:00-23:00	15

4）列车编组为 6 辆，车辆定员为 310 人。

5）早、晚高峰小时线路断面满载率为 1.2（7:00—9:00，17:00—19:00），其他运营时间线路断面满载率为 0.9。

2. 计算与确定计划：

1）根据高峰小时 OD 数据表计算各站上下车人数。

2）根据各站上下车人数计算断面客流，并找出最大断面客流。

3）根据全日分时断面客流分布比例计算每个小时的断面客流。

4）根据断面客流计算分时段开行列车数，填写表 2-3。

表 2-3　全日分时段列车开行列车数

时间	开行列车数	时间	开行列车数
5:00-6:00		14:00-15:00	
6:00-7:00		15:00-16:00	
7:00-8:00		16:00-17:00	
8:00-9:00		17:00-18:00	
9:00-10:00		18:00-19:00	
10:00-11:00		19:00-20:00	
11:00-12:00		20:00-21:00	
12:00-13:00		21:00-22:00	
13:00-14:00		22:00-23:00	

5）根据开行列车数计算分时段列车行车间隔，填写表 2-4。

表 2-4　全日分时段列车行车间隔

时间	开行列车数	行车间隔	时间	开行列车数	行车间隔
5:00-6:00			14:00-15:00		
6:00-7:00			15:00-16:00		
7:00-8:00			16:00-17:00		
8:00-9:00			17:00-18:00		
9:00-10:00			18:00-19:00		
10:00-11:00			19:00-20:00		
11:00-12:00			20:00-21:00		
12:00-13:00			21:00-22:00		
13:00-14:00			22:00-23:00		

6）对计算出的开行列车数及行车间隔按要求进行微调，确定全日行车计划。

7）根据列车周转时间编制早高峰车辆运用计划。

8）按照如上的列车开行对数，设列车周转时间为 56min，编制早高峰时段，配备的运用车辆计划。

四、检查

任务完成后，做如下检查：

1. 是否注意规范操作：______________________________。
2. 是否按照流程进行操作：______________________________。
3. 工器具及场地是否恢复：______________________________。

五、评价反思

在教师的指导下，反思自己的工作方式和工作质量。

评价表

项目	评价指标	自评		互评	
专业技能	编制全日行车计划	□合格	□不合格	□合格	□不合格
	按照任务要求完成作业内容	□合格	□不合格	□合格	□不合格
	完整填写工作页	□合格	□不合格	□合格	□不合格
工作态度	着装规范，符合职业要求	□合格	□不合格	□合格	□不合格
	仔细查阅相关资料和认真学习相关材料	□合格	□不合格	□合格	□不合格
	目标明确，独立完成	□合格	□不合格	□合格	□不合格
个人反思	完成任务的安全、质量、时间和6S要求，是否达到最佳程度，请提出个人改进建议				
教师评价	教师签字 年　月　日	成绩			
		□合格		□不合格	

任务工单 2.2　列车运行图编制

任务名称	列车运行图编制	学时		班级	
学生姓名		学生学号		任务成绩	
实训设备、工具及仪器	一分格 A4 纸（4 张）、铅笔、尺子、橡皮擦	实训场地	理实一体化教室	日期	
任务描述	本任务主要了解列车运行图规定各次占用区间的顺序，列车在区间的运行时分，列车在各个车站的到达、出发或通过的时刻，列车的会让、越行等，让学生能够准确铺画运行图。				

一、资讯

1. 列车运行图的分类：

1）按照时间轴的刻度分为________________、2 分格运行图、10 分格运行图、________________。

2）按照区间正线数分为单线运行图、________________及单双线运行图。

3）按照列车之间运行速度差异分为________________、非平行运行图。

4）按照同方向列车运行方式分为连发运行图、________________。

5）________________________为成对运行图和不成对运行图。

6）按照适用范围分为工作日运行图、________、节假日运行图、其他特殊运行图。

2. 列车运行图的基本要素有____________、____________和____________。

3. 列车运行图中，以横坐标表示时间，纵坐标表示距离为例，水平线表示________，斜线表示________。

二、要求

1. 实训任务由学生独立完成。
2. 明确任务目标，准备好直尺、橡皮擦及 2 分格运行图（A4 图纸 4 张）。
3. 合理运用运行图相关符号。
4. 运行图需要满足行车间隔、大小交路、运行车辆数等要求。
5. 满足列车运行安全，整体运行图效果要好。

三、任务实施

城市轨道交通运行图属于双线平行成对追踪运行图，根据已知资料绘制 2 分格运行图（绘制时段 6:00-9:00）。

1. 已知资料：

1）区间运行时分以及停站时间，详见表 2-5，并根据区间运行时分比率确定车站中心线。

表 2-5　A-G 基本要素

上行		车站	下行	
停站时间/s	区间运行时间/min		区间运行时间/min	停站时间/s
		A 站（01）		
30	4		4	60
		B 站（02）		
30	3		3	60
		C 站（03）		
30	4		4	60
		D 站（04）		
30	4		4	60
		E 站（05）		
30	5		5	60
		F 站（06）		
30	6		6	60
		G 站（07）		

2）规定运行方向：G 站-A 站为上行。

3）具备折返功能站：A 站、E 站、G 站。

4）列车始发站：A 站（始发列车 120、121、125、127）、E 站（始发列车 122、126）、G 站（始发列车 123、124、128）。

5）列车车次号规定：车次号采用 6 位数编制，前两位为列车目的地码；中间两位为服务号；后两位为序列号；个位偶数为上行，奇数为下行，顺序编号。

6）运用列车总数为 9 辆，线路上车辆段 1 位于 B 站与 C 站车站之间，出入段线连接 C 车站，车辆段 2 位于 E 站以至 F 站之间，出入段线连接 F 车站，其中车辆段 1 运用 3 辆，从车辆段 1 至正线车站时间为 15min，车辆段 2 运用 5 辆，从车辆段 2 至正线车站时间为 20min，车辆运用计划详见表 2-6。

表 2-6　车辆运用计划表

表号	01 表	03 表	05 表	07 表	10 表	13 表	14 表	08 表	11 表
出库时间									

（续）

车号	120	121	122	123	124	125	126	127	128
停放车场	车辆段 1	车辆段 1	车辆段 2	车辆段 2	车辆段 2	车辆段 1	车辆段 2	车辆段 1	车辆段 2

7）早高峰运行图技术说明详见表 2-7。

表 2-7 早高峰运行图技术说明

开行时间	大小交路	运行间隔/min	折返时间条件	交路情况
6:30-7:30	交路 1：A 站-E 站	10	A 站最短折返时间 5min E 站最短折返时间 5min G 站最短折返时间 4min30s	交路 1 与交路 2 按照 1∶1 比例开行
	交路 2：A 站-G 站	20		
7:30-9:30	交路 1：A 站-E 站	8		
	交路 2：A 站-G 站	16		

2. 铺画列车运行图。

1）在含时间等分线的 A4 纸上确定运行图水平线及站点名。

2）根据车辆运用计划表铺画列车出场线。

3）根据列车行车间隔及大小交路要求铺画列车运行线。

4）对列车运行线路进行车次车号编辑。

5）对铺画的线路进行微调，满足列车运行安全，整体运行图效果要好。

四、检查

任务完成后，做如下检查：

1. 是否注意规范操作：________________。
2. 是否按照流程进行操作：________________。
3. 工器具及场地是否恢复：________________。

五、评价反思

在教师的指导下，反思自己的工作方式和工作质量。

评价表

项目	评价指标	自评		互评	
专业技能	人工铺画列车运行图	□合格	□不合格	□合格	□不合格
	按照任务要求完成作业内容	□合格	□不合格	□合格	□不合格
	完整填写工作页	□合格	□不合格	□合格	□不合格

（续）

评价表					
项目	评价指标	自评		互评	
工作态度	着装规范，符合职业要求	□合格	□不合格	□合格	□不合格
	仔细查阅相关资料和认真学习相关材料	□合格	□不合格	□合格	□不合格
	目标明确，独立完成	□合格	□不合格	□合格	□不合格
个人反思	完成任务的安全、质量、时间和6S要求，是否达到最佳程度，请提出个人改进建议				
教师评价	教师签字 年 月 日	成绩			
		□合格		□不合格	

任务工单 3.1　行车调度指挥设备认知

任务名称	行车调度指挥设备认知	学时		班级	
学生姓名		学生学号		任务成绩	
实训设备、工具及仪器	控制台、显示屏、区段人工解锁按钮盘、信号机等	实训场地	理实一体化教室	日期	
任务描述	本任务主要针对正线车站联锁设备进行操作、考核及评价，以此训练学生熟知正线车站联锁设备所涉及的联锁、轨道区段、信号模块中的各子功能操作。实施评价及反馈，帮助学生查找问题，理论结合实践，夯实培养质量。				

一、资讯

1. 联锁指的是________________________________。

2. 在车站范围及区间线路上，列车由某一指定地点运行到另一指定地点所经过的路径称为________。

3. 列车进路指的是________________________________。

4. 调车进路指的是________________________________。

5. 敌对进路指的是________________________________。

二、要求

1. 任务以小组进行。

2. 遵守实训室安全管理规定。

3. 明确任务目标，确定任务实施内容。

三、任务实施

1. 3 人为小组，接受工作任务，参观并认知 OCC 调度指挥中心相关设备、C-Low 设备、计划图编辑工作站、TCS 列车监控系统、调度监控系统、信号系统设备、Low 机工作站、IBP 操作盘、LCP 操作盘等。

2. 分别在 OCC 中心、正线进行练习。

3. 练习过程中，互相提问，收集存在的问题。

4. 教师针对每小组解决问题。

5. 教师考核，学生评价。
6. 对本项目内容的学习情况进行总结。

四、检查

任务完成后，做如下检查：
1. 是否注意规范操作：________________。
2. 是否按照流程进行操作：________________。
3. 工器具及场地是否恢复：________________。

五、评价反思

在教师的指导下，反思自己的工作方式和工作质量。

评价表

项目	评价指标	自评		互评	
专业技能	能够认知行车调度指挥设备	□合格	□不合格	□合格	□不合格
	按照任务要求完成作业内容	□合格	□不合格	□合格	□不合格
	完整填写工作页	□合格	□不合格	□合格	□不合格
工作态度	着装规范，符合职业要求	□合格	□不合格	□合格	□不合格
	遵守实训室安全管理规定	□合格	□不合格	□合格	□不合格
	目标明确，配合默契	□合格	□不合格	□合格	□不合格
个人反思	完成任务的安全、质量、时间和6S要求，是否达到最佳程度，请提出个人改进建议				
教师评价	教师签字 年　月　日	成绩			
		□合格		□不合格	

任务工单3.2　行车调度命令的下达

<table>
<tr><td>任务名称</td><td>行车调度命令的下达</td><td>学时</td><td></td><td>班级</td><td></td></tr>
<tr><td>学生姓名</td><td></td><td>学生学号</td><td></td><td>任务成绩</td><td></td></tr>
<tr><td>实训设备、工具及仪器</td><td>模拟显示屏、调度电话、无线调度电话、中央广播系统</td><td>实训场地</td><td>理实一体化教室</td><td>日期</td><td></td></tr>
<tr><td>任务描述</td><td colspan="5">本任务主要让学生具备正确、清晰、完整发布书面命令的能力，正确掌握调度命令登记簿的填写要求，能够正确使用标准用语和口头调令。</td></tr>
</table>

一、资讯

1. 行车调度指挥工作由控制中心实施，实行________、________、________、________。
2. 调度命令的含义：____。
3. 调度命令的分类：______________、______________。
4. 调度命令的传达：正常情况下，发布书面命令要按“________________________”的程序办理。ATS系统故障，改用行车调度电话发布书面命令时要按“____”的程序办理。

二、要求

1. 任务以小组进行。
2. 根据所分配的情景，合理使用相关调度命令。
3. 人员岗位分工明确，各岗位人员清楚自身职责。
4. 根据要求填写书面调度命令以及填写调度命令登记簿。
5. 口头调度命令下达：使用标准普通话，内容简明扼要，吐字清晰，语言适中，不得随意。

三、任务实施

根据行车运行的相关规定，按照要求发布清客调度命令、封锁线路调度命令：

1. 某日10001次列车因设备故障需要在A站清客，请发布一条列车清客调度命令。
2. 某日16:40分起A站至B站上行区间因施工需要封锁，安排10005次列车进入封锁区间施工，请发布一条封锁区间的调度命令，并填写调度命令单。

调度命令单

____年____月____日____时____分

		命令号码	行车调度员姓名
受令处所			
命令内容			

受令车站：________　　　　车站值班员________

3. 行车调度命令发布作业流程：

1）分析岗位操作标准，确认小组成员角色。

2）根据调度命令作业流程图（图 3-1）编写各个角色情景对话。

3）模拟演练发布调度命令操作流程。

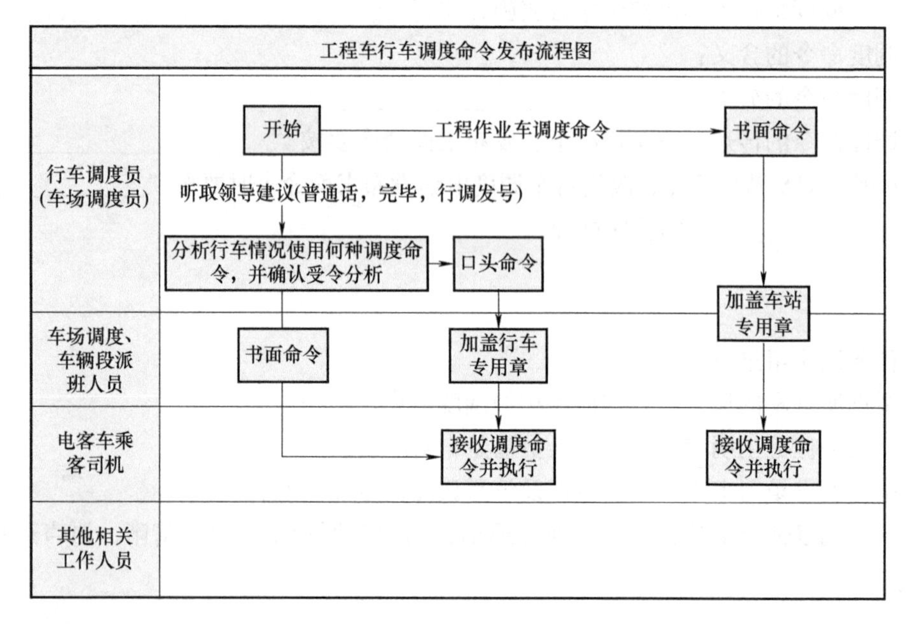

四、检查

任务完成后，做如下检查：

1. 是否注意规范操作：________________。
2. 是否按照流程进行操作：________________。
3. 工器具及场地是否恢复：________________。

五、评价反思

在教师的指导下，反思自己的工作方式和工作质量。

<table>
<tr><th colspan="6">评价表</th></tr>
<tr><th>项目</th><th>评价指标</th><th colspan="2">自评</th><th colspan="2">互评</th></tr>
<tr><td rowspan="3">专业技能</td><td>正确下达行车调度命令</td><td>□合格</td><td>□不合格</td><td>□合格</td><td>□不合格</td></tr>
<tr><td>按照任务要求完成作业内容</td><td>□合格</td><td>□不合格</td><td>□合格</td><td>□不合格</td></tr>
<tr><td>完整填写工作页</td><td>□合格</td><td>□不合格</td><td>□合格</td><td>□不合格</td></tr>
<tr><td rowspan="3">工作态度</td><td>着装规范，符合职业要求</td><td>□合格</td><td>□不合格</td><td>□合格</td><td>□不合格</td></tr>
<tr><td>遵守实训室安全管理规定</td><td>□合格</td><td>□不合格</td><td>□合格</td><td>□不合格</td></tr>
<tr><td>目标明确，配合默契</td><td>□合格</td><td>□不合格</td><td>□合格</td><td>□不合格</td></tr>
<tr><td>个人反思</td><td>完成任务的安全、质量、时间和 6S 要求，是否达到最佳程度，请提出个人改进建议</td><td colspan="4"></td></tr>
<tr><td rowspan="2">教师评价</td><td rowspan="2">教师签字
年　月　日</td><td colspan="4">成绩</td></tr>
<tr><td colspan="2">□合格</td><td colspan="2">□不合格</td></tr>
</table>

任务工单 3.3　调度工作统计与分析

<table>
<tr><td>任务名称</td><td>调度工作统计与分析</td><td>学时</td><td></td><td>班级</td><td></td></tr>
<tr><td>学生姓名</td><td></td><td>学生学号</td><td></td><td>任务成绩</td><td></td></tr>
<tr><td>实训设备、工具及仪器</td><td>地铁运营公司运营日报表等资料</td><td>实训场地</td><td>理实一体化教室</td><td>日期</td><td></td></tr>
<tr><td>任务描述</td><td colspan="5">根据“运营日报”统计内容、数据来源、统计方法及要求，让学生以小组的形式完成表格填写，通过对运营指标的完成情况进行统计分析，让学生加深对运营指标的理解。</td></tr>
</table>

一、资讯

1. 列车正点率是指一定时期内________与________之比。
2. ________为当日运行图计划开行列车总数。
3. 调度分析、统计工作可分为________、________和________。

二、要求

1. 任务以小组进行。
2. 小组人员讨论“运营日报”各统计数据来源，统计分析方法，并完成表 3-1。
3. 授课老师随机考查各小组对各统计分析指标掌握情况。

三、任务实施

截取某地铁运营公司某日运营日报表，根据已统计列车运行数据，计算列车运行图兑现率、列车综合正点率、实际开行列次，完成运营日报表。

表 3-1　某地铁运营公司运营日报表

项目	当日	月累计	备注
高峰运用车组/列次	30	-	
平峰运用车组/列次	30	-	
最小发车间隔/s	240	-	
旅行速度/(公里/小时)	44. 26	-	

（续）

项目	当日	月累计	备注
运营里程/（列公里）	18833.02	616223.91	
运营里程/（车公里）	-	-	
列车运行图兑现率/（%）		-	
列车综合正点率/（%）		-	
图定开行列数/列次	510	16232	
实际开行列次/列次		16228	
加开列次/列次	5	0	
下线列次/列次	2	4	
晚点列次/列次	2	31	
其中：5min 以下晚点	0	29	
5～15min 晚点	1	1	
15～30min 晚点	1	1	
30min 以上晚点	0	0	
清客列次/列次	1	6	
影响行车的设备故障/次数	0	4	
安全天数/天	365		

1. 授课老师打印表 3-1，分发给各小组。

2. 以小组为单位，讨论运营发日报中各统计指标含义、数据来源，完善运营日报表并上交。

3. 授课老师收集各小组完善后的运营日报表，并考核各小组对运营指标含义、数据来源及计算方法理解情况。

四、检查

任务完成后，做如下检查：

1. 是否注意规范操作：________________________。

2. 是否按照流程进行操作：________________________。

3. 工器具及场地是否恢复：________________________。

五、评价反思

在教师的指导下，反思自己的工作方式和工作质量。

评价表

项目	评价指标	自评		互评	
专业技能	完成调度工作统计与分析	□合格	□不合格	□合格	□不合格
	按照任务要求完成作业内容	□合格	□不合格	□合格	□不合格
	完整填写工作页	□合格	□不合格	□合格	□不合格
工作态度	着装规范，符合职业要求	□合格	□不合格	□合格	□不合格
	遵守实训室安全管理规定	□合格	□不合格	□合格	□不合格
	目标明确，配合默契	□合格	□不合格	□合格	□不合格
个人反思	完成任务的安全、质量、时间和6S要求，是否达到最佳程度，请提出个人改进建议				
教师评价	教师签字 年　月　日	成绩			
		□合格		□不合格	

任务工单 4.1　车站电话闭塞行车作业

<table>
<tr><td>任务名称</td><td>车站电话闭塞行车作业</td><td>学时</td><td></td><td>班级</td><td></td></tr>
<tr><td>学生姓名</td><td></td><td>学生学号</td><td></td><td>任务成绩</td><td></td></tr>
<tr><td>实训设备、工具及仪器</td><td>模拟路票、沙盘、车站行车日志</td><td>实训场地</td><td>理实一体化教室</td><td>日期</td><td></td></tr>
<tr><td>任务描述</td><td colspan="5">本任务主要针对电话闭塞法的使用，要求学生掌握电话闭塞法的使用条件、使用流程和原则等，熟知调度员、值班员和站务员在电话闭塞中的分工、职责及作业标准。</td></tr>
<tr><td colspan="6">

一、资讯

1. 通过设备或人工控制，使连续发出的列车保持一定间隔距离的行车方法，称为________，简称为________。

2. 电话闭塞是基本闭塞设备不能使用时，由区间两端的车站值班员利用站间行车电话________以发出电话记录号码的方式来办理闭塞的一种方法。行车凭证________。

3. 电话闭塞六要素为________、________、________、________、________、________。

二、要求

1. 任务以小组进行。
2. 遵守实训室安全管理规定。
3. 明确任务目标，确定任务实施内容及人员分工。
4. 熟悉电话闭塞操作流程。
5. 正确填写车站行车日志及路票。
6. 正确下达调度命令及填写调度命令单。

三、任务实施

以某城市轨道交通接发列车作业过程为例，分析并模拟演练车站接发列车作业过程。某一地铁部分线路的简易示意图（图 4-1）：

09：00 分，A 至 D 站的联锁设备故障，行车调度员无法在 ATS 上对列车进行监控。请根据此时的情况，分成小组用电话闭塞法组织列车（采用一站一区间形式）。行车调度

</td></tr>
</table>

员发现 A 至 D 站联锁设备故障，要求 10206 次、10306 次、10105 次停车待令；与 10206 次、10306 次、10105 次核对列车位置；告知车站 10206 次、10306 次、10105 次列车位置；组织 10105 次、10306 次运行至前方站待令；并要求 A 站对 a、b 道岔进行加锁在正线位置。

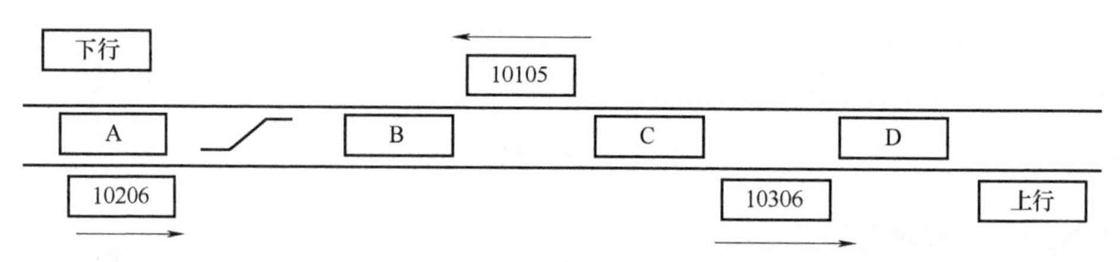

图 4-1 车站及列车位置示意图

1. 分析岗位操作标准，确认小组成员角色。

2. 根据电话闭塞法接发列车作业流程图（图 4-2）以及常见行车标准用语编写各个角色情景对话。

3. 以小组为单位模拟演练电话闭塞法下接发列车作业。

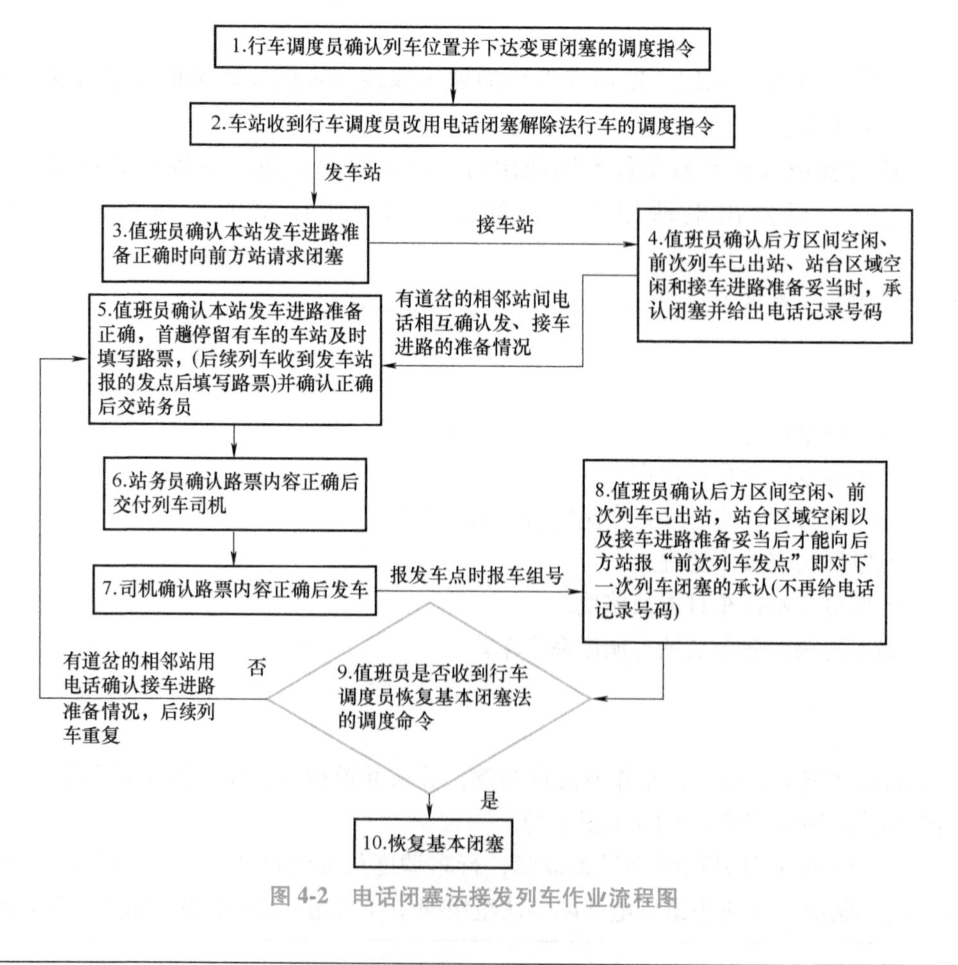

图 4-2 电话闭塞法接发列车作业流程图

四、检查

任务完成后，做如下检查：

1. 是否注意规范操作：________________________。
2. 是否按照流程进行操作：________________________。
3. 工器具及场地是否恢复：________________________。

五、评价反思

在教师的指导下，反思自己的工作方式和工作质量。

<table>
<tr><th colspan="6">评价表</th></tr>
<tr><th>项目</th><th>评价指标</th><th colspan="2">自评</th><th colspan="2">互评</th></tr>
<tr><td rowspan="3">专业技能</td><td>会采用电话闭塞法组织行车</td><td>□合格</td><td>□不合格</td><td>□合格</td><td>□不合格</td></tr>
<tr><td>按照任务要求完成作业内容，正确填写行车台账</td><td>□合格</td><td>□不合格</td><td>□合格</td><td>□不合格</td></tr>
<tr><td>完整填写工作页</td><td>□合格</td><td>□不合格</td><td>□合格</td><td>□不合格</td></tr>
<tr><td rowspan="3">工作态度</td><td>着装规范，符合职业要求</td><td>□合格</td><td>□不合格</td><td>□合格</td><td>□不合格</td></tr>
<tr><td>遵守实训室安全管理规定</td><td>□合格</td><td>□不合格</td><td>□合格</td><td>□不合格</td></tr>
<tr><td>目标明确，配合默契</td><td>□合格</td><td>□不合格</td><td>□合格</td><td>□不合格</td></tr>
<tr><td>个人反思</td><td>完成任务的安全、质量、时间和 6S 要求，是否达到最佳程度，请提出个人改进建议</td><td colspan="4"></td></tr>
<tr><td rowspan="2">教师评价</td><td rowspan="2">教师签字
年　月　日</td><td colspan="4">成绩</td></tr>
<tr><td colspan="2">□合格</td><td colspan="2">□不合格</td></tr>
</table>

任务工单 4.2　车站手摇道岔标准作业

任务名称	车站手摇道岔标准作业	学时		班级	
学生姓名		学生学号		任务成绩	
实训设备、工具及仪器	单开道岔、手摇道岔工具箱、信号灯或信号旗等	实训场地	理实一体化教室	日期	
任务描述	本任务主要针对手摇道岔标准作业，要求学生掌握手摇道岔作业六部曲、工器具使用、标准作业等，熟知行车值班员、现场组操作员及复核人员在手摇道岔中的分工、职责及作业标准。				

一、资讯

1. 手信号分为________、________及________。

2. 单开道岔主要由________、________和________构成。

3. 道岔的辙叉角越大，道岔的号数就越________，导曲线半径也越小，允许侧线过岔速度就越低。

4. 手摇道岔六部曲为_______、_______、_______、_______、_______、_______。

二、要求

1. 任务以小组进行。
2. 遵守实训室安全管理规定。
3. 明确任务目标，确定任务实施内容。
4. 熟悉手摇道岔操作流程。
5. 正确使用手信号。

三、任务实施

在联锁站 Low 故障情况时，车站需要进行现场人工排列进路组织行车，按照手摇道岔"六部曲"进行操作。

1. 分析岗位操作标准，确认小组成员角色。
2. 清点手摇道岔工具并按规定进入规定区。
3. 现场组人员进行道岔定反位确定，汇报给车控室。
4. 接受手摇道岔命令，打开盖孔板，断开遮断器，插入手摇把将道岔摇到需要转换的位置，并确认密贴情况。

5. 汇报所摇位置并加钩锁器。
6. 根据车控室命令给列车显示相应手信号。
7. 整理工器具及组织人员出清轨行区。
8. 作业程序及标准参见“手摇道岔六部曲工作标准”。

四、检查

任务完成后，做如下检查：
1. 是否注意规范操作：________________________。
2. 是否按照流程进行操作：________________________。
3. 工器具及场地是否恢复：________________________。

五、评价反思

在教师的指导下，反思自己的工作方式和工作质量。

评价表

项目	评价指标	自评		互评	
专业技能	正确操作手摇道岔	□合格	□不合格	□合格	□不合格
	按照任务要求完成作业内容	□合格	□不合格	□合格	□不合格
	完整填写工作页	□合格	□不合格	□合格	□不合格
工作态度	着装规范，符合职业要求	□合格	□不合格	□合格	□不合格
	遵守实训室安全管理规定	□合格	□不合格	□合格	□不合格
	目标明确，配合默契	□合格	□不合格	□合格	□不合格
个人反思	完成任务的安全、质量、时间和6S要求，是否达到最佳程度，请提出个人改进建议				
教师评价	教师签字 年　月　日	成绩			
		□合格		□不合格	

任务工单 4.3　车辆段出入场作业

任务名称	车辆段出入场作业	学时		班级	
学生姓名		学生学号		任务成绩	
实训设备、工具及仪器	出入段行车日志	实训场地	理实一体化教室	日期	
任务描述	本任务主要掌握列车进出车辆段作业及车辆段内调车工作，了解车辆段的功能及列车运行组织方法，注意出入场作业实施环节的正确性，保证行车安全。				

一、资讯

1. 车场调度室是停车场\车辆段（以下统称车场）的行车指挥中心。在乘务段领导下，坚持________________、________________、________________、________________的原则，确保运营生产安全。

2. 车辆段行车相关岗位有______________、______________、______________、______________、______________、______________、______________。

二、要求

1. 任务以小组进行。
2. 遵守实训室安全管理规定。
3. 明确任务目标，确定任务实施内容及人员分工。
4. 正确排列列车出入场进路及填写车场行车日志。
5. 注意出入场作业实施环节的正确性，保证行车安全。

三、任务实施

基于重庆轨道电客车出入段作业操作程序，以小组为单位模拟相应车辆段电客车出入段作业流程。

1. 分析车辆段电客车出入段作业岗位操作标准，确认小组成员角色。
2. 根据出入段作业章程以及出入段作业流程图（图 4-3），运用常见行车标准用语编写各个角色情景对话（包括车场调度员、行车调度员使用标准用语下达口头调度命令等）。
3. 根据车辆运用计划，正确编制列车出入段计划相关内容。
4. 模拟某车辆段列车回段作业。

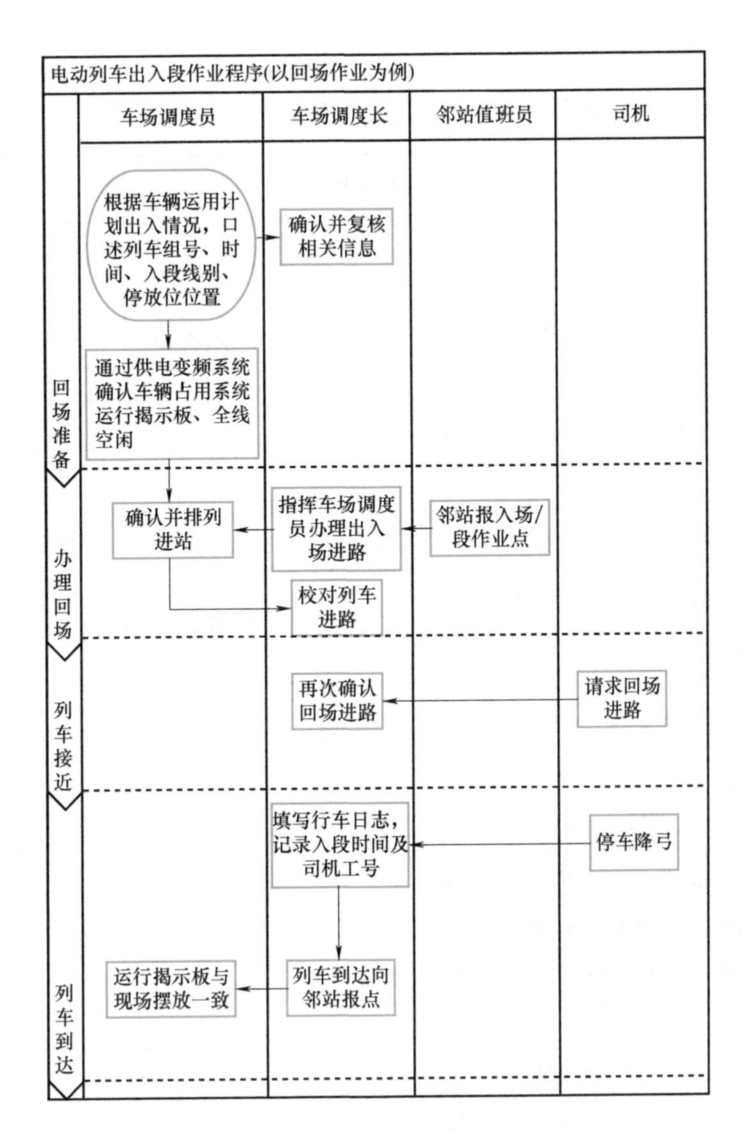

图 4-3　出入段作业流程图

四、检查

任务完成后，做如下检查：

1. 是否注意安全操作：________________________。
2. 是否按照流程进行操作：________________________。
3. 仪器设备及场地是否恢复：________________________。

五、评价反思

在教师的指导下，反思自己的工作方式和工作质量。

评价表

项目	评价指标	自评		互评	
专业技能	正确操作车辆段行车设备	□合格	□不合格	□合格	□不合格
	按照任务要求完成作业内容	□合格	□不合格	□合格	□不合格
	完整填写工作页	□合格	□不合格	□合格	□不合格
工作态度	着装规范，符合职业要求	□合格	□不合格	□合格	□不合格
	遵守实训室安全管理规定	□合格	□不合格	□合格	□不合格
	目标明确，配合默契	□合格	□不合格	□合格	□不合格
个人反思	完成任务的安全、质量、时间和6S要求，是否达到最佳程度，请提出个人改进建议				
教师评价	教师签字 年　月　日	成绩			
		□合格		□不合格	

任务工单 4.4　车辆段调车作业

<table>
<tr><td>任务名称</td><td>车辆段调车作业</td><td>学时</td><td></td><td>班级</td><td></td></tr>
<tr><td>学生姓名</td><td></td><td>学生学号</td><td></td><td>任务成绩</td><td></td></tr>
<tr><td>实训设备、工具及仪器</td><td>调车作业操作规程等资料</td><td>实训场地</td><td>理实一体化教室</td><td>日期</td><td></td></tr>
<tr><td>任务描述</td><td colspan="5">本任务使学生具有车辆段列车进路办理能力，了解车辆段行车作业的岗位结构以及各个岗位操作标准，保证调车作业实施环节的正确性，保证行车安全。</td></tr>
</table>

一、资讯

1. 除正线列车在车站到达、发车、通过及在区间内运行，参加运营活动以外的所有为了编组、解体列车、摘挂、取送车辆，以及转线等车辆在线路上有目的的移动统称为________。

2. 调车作业分为________________、________________。

3. 调车作业的技术要求：1）________________ 2）________________ 3）________________ 4）________________ 5）________________ 6）________________

二、要求

1. 任务以小组进行。
2. 遵守实训室安全管理规定。
3. 明确任务目标，确定任务实施内容及人员分工。
4. 正确排列列车调车进路。
5. 注意调车作业实施环节的正确性，保证行车安全。

三、任务实施

基于重庆轨道有电调车作业操作规程，以小组为单位模拟赖家桥车辆段有电调车作业过程，正确填写调车作业通知单（图 4-4）。

1. 分析车辆段内调车作业岗位操作标准，确认小组成员角色。

2. 根据有电调车作业规章以及有电调车作业流程图（图 4-5），运用常见行车标准用语编写各个角色情景对话（车场调度员、行车调度员使用标准用语下达口头调令）。

赖家桥车辆段-调车作业通知单（运行控制训室）

车号：　　编号：　　计划时间：月　日　时　分至　月　日　时　分

实际时间：月　日　时　分至　月　日　时　分

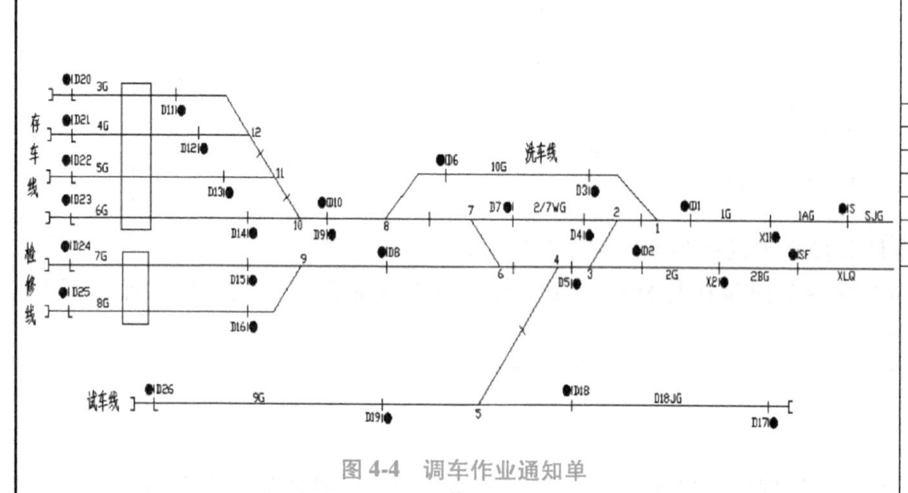

图 4-4　调车作业通知单

调车计划

序号	股道	作业方法	摘挂车数	记事

注解：挂车为“+”、摘车为“-”、单机为“△”、双机为“△△”、车数“按车辆节数计算”，示意图中实线为有接触网区域，虚线为无接触网区域。

安全事项	1. 赖家桥车辆段内所有调车限速为 15km/h。2. 在进入工程车库前需一度停车，限速为 5km/h 入库；在距止挡 20m 处一度停车，以 3km/h 移动列车至指定位置停车，车辆距止挡保持 10m 以上的防护距离。3. 调车距离信号：在 100m 内以 7km/h 运行，50m 内以 5km/h 运行，30m 内以 3km/h 运行，20m 一度停车。4. 在距尽头线止挡 20m 处一度停车，以 3km/h 以下移动列车至指定位置停车，车辆距止挡保持 10m 以上的防护距离。5. 如遇特殊情况，车辆需进入 10m 的防护距离内须一停再动，严格控制速度，随时做好停车准备。6. 动车前需确认信号、进路，平交道口，加强瞭望、鸣笛。作业中，必须执行确认信号，呼唤应答，不间断瞭望制度控制车速。信号不清，防溜铁鞋未撤除，未显示信号不得动车。在机车停车位置停车后对停留车做好防溜措施。	车场调度： 运转调度：

图 4-4　赖家桥车辆段有电调车作业通知单

3. 正确编制车场调车作业单等调车资料。
4. 以小组为单位模拟车辆段内有电调车列车作业。
5. 作业程序及标准参见“有电调车作业程序”。

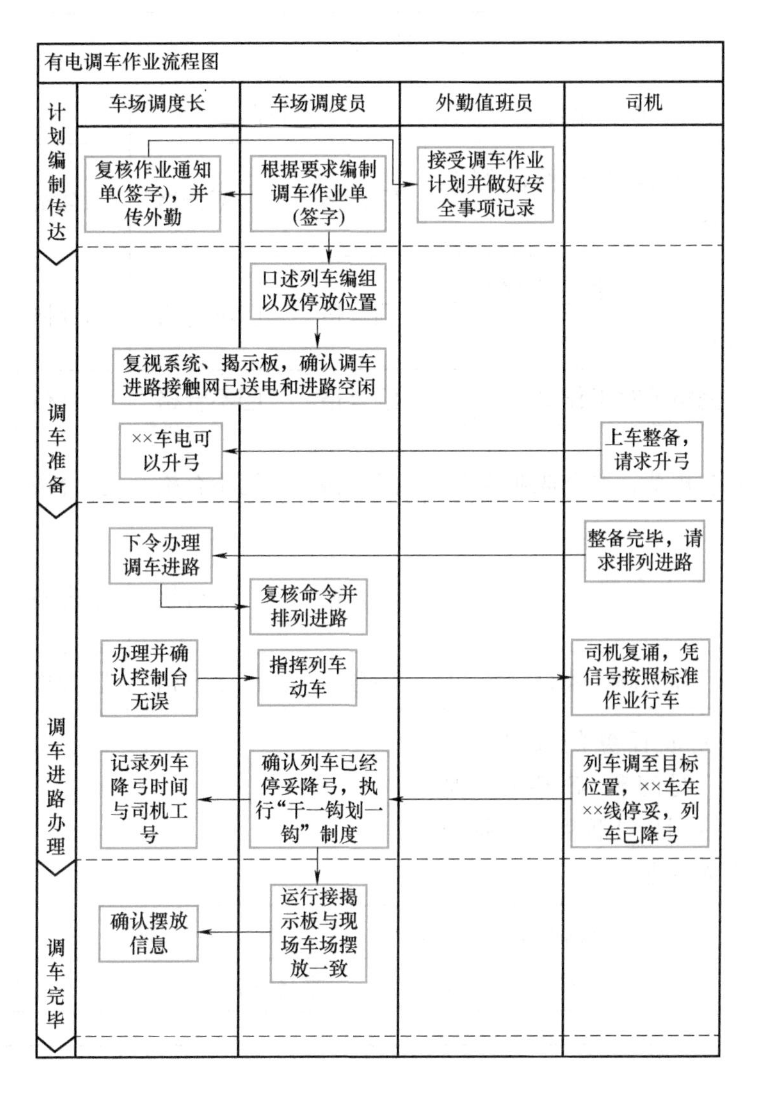

图 4-5　有电调车作业流程图

四、检查

任务完成后，做如下检查：

1. 是否注意安全操作：________________________。
2. 是否按照流程进行操作：________________________。
4. 仪器设备及场地是否恢复：________________________。

五、评价反思

在教师的指导下，反思自己的工作方式和工作质量。

评价表

项目	评价指标	自评		互评	
专业技能	正确操作车辆段调车设备	□合格	□不合格	□合格	□不合格
	按照任务要求完成作业内容	□合格	□不合格	□合格	□不合格
	完整填写工作页	□合格	□不合格	□合格	□不合格
工作态度	着装规范，符合职业要求	□合格	□不合格	□合格	□不合格
	遵守实训室安全管理规定	□合格	□不合格	□合格	□不合格
	目标明确，配合默契	□合格	□不合格	□合格	□不合格
个人反思	完成任务的安全、质量、时间和6S要求，是否达到最佳程度，请提出个人改进建议				
教师评价	教师签字 年 月 日	成绩			
		□合格		□不合格	

任务工单 4.5 司机配备数量计算

任务名称	司机配备数量计算	学时		班级	
学生姓名		学生学号		任务成绩	
实训设备、工具及仪器	列车运行图等资料	实训场地	理实一体化教室	日期	
任务描述	本任务要求学生可以根据运行图的变化和列车数量变化进行相应司机配备数量的计算。能及时根据现场行车实际情况，调整列车司机的出勤。				

一、资讯

1. ____________是城市轨道交通列车司机值勤的一种工作制度，它表示城市轨道交通列车司机对运行列车值乘的方式。

2. 运营时刻表是列车在车站（车场）出发、到达和折返时刻的集合。完整的时刻表包括了版本号、时刻表编号、________________、________________、________________、________________、列车出发与到达时间、列车折返时间等要素。

3. 轮乘制是列车司机在运行的整个工作中轮流操控列车的制度。其特点为

1）____

2）____

3）____

4）____。

4. 包乘制是一列车由一个乘务组固定使用的制度。其特点为

1）____

2）____

3）____

4）____

5）____

6）____。

二、要求

1. 任务以小组进行。

2. 设置不同的场景，配置不同的数据。

3. 明确任务目标，确定任务实施内容及人员分工。

三、任务实施

以某城市的轨道交通不同线路所使用的列车数量为依据，根据公式进行计算，比较两种乘务制度所需的司机数量。

1. 分析场景设置，找出其中的有用数据。
2. 根据下列两个公式进行计算。

$$P_{配备}=(P_{值乘}+P_{替乘})D_{循环}(1+\alpha_{备})$$

$$t_{驾驶}=\frac{S_{列}}{V_{旅}(P_{值乘}+P_{替换})D_{出勤}}$$

3. 根据计算出的结果，分析比较两种乘务制度下的司机配备数量和司机值乘时间的差别，并得出结论应优先采用何种乘务制度。

四、检查

任务完成后，做如下检查：

1. 场景分析数据是否有用：________________________________。
2. 是否按照公式进行计算：________________________________。
3. 观察比较所得数据是否正确：______________________________。

五、评价反思

在教师的指导下，反思自己的工作方式和工作质量。

评价表

项目	评价指标	自评		互评	
专业技能	计算司机配备数量	□合格	□不合格	□合格	□不合格
	按照任务要求完成作业内容	□合格	□不合格	□合格	□不合格
	完整填写工作页	□合格	□不合格	□合格	□不合格
工作态度	着装规范，符合职业要求	□合格	□不合格	□合格	□不合格
	仔细查阅相关资料和认真学习相关材料	□合格	□不合格	□合格	□不合格
	目标明确，配合默契	□合格	□不合格	□合格	□不合格

（续）

<table>
<tr><th>项目</th><th>评价指标</th><th>自评</th><th>互评</th></tr>
<tr><td>个人反思</td><td>完成任务的安全、质量、时间和 6S 要求，是否达到最佳程度，请提出个人改进建议</td><td colspan="2"></td></tr>
<tr><td rowspan="2">教师评价</td><td rowspan="2">教师签字
年　月　日</td><td colspan="2">成绩</td></tr>
<tr><td>□合格</td><td>□不合格</td></tr>
</table>

任务工单 5.1　施工作业请点与销点

任务名称	施工作业请点与销点	学时		班级	
学生姓名		学生学号		任务成绩	
实训设备、工具及仪器	施工登记表、施工作业令等资料	实训场地	理实一体化教室	日期	
任务描述	通过本任务的学习，学生能够根据老师提供的“施工登记簿”，以小组的形式来完成请销点作业过程，并学会“施工登记簿”等日志台账的填写方法。				

一、资讯

1. 城市轨道交通企业施工作业，按作业地点、作业性质和影响程度分为______、______和______三种。

2. 施工计划按时间分为______、______和______。

3. 施工作业防护遵循“谁设置谁撤除”的原则，实行“______”。

4. 施工作业必须向______（或车场调度员）请点生效后方可动工。

5. 作业完毕后施工负责人必须到______销点，由______（车辆段信号楼值班员）报行车调度员施工结束，并各自做好销点记录。

二、要求

1. 任务以小组进行。

2. 小组人员根据老师发放的“施工作业令”办理车站请点作业，填写车站“施工登记簿”。

3. 办理车站销点作业，填写车站“施工登记簿”。

4. 授课老师随机考查各小组请点销点作业程序掌握情况。

三、任务实施

根据老师发放的“施工作业令”，演练车站请点和销点的作业过程，并完整填写车站“施工登记簿”。

1. 授课老师打印“施工作业令”和空白车站“施工登记簿”，分发给各小组。

2. 以小组为单位，按照施工负责人、行车调度员、车站行车值班员等相关岗位演练施工进场及请点销点作业，并完整填写车站“施工登记簿”。

3. 授课老师收集各小组演练视频和“施工登记簿”，对各小组进行考核。

四、检查

任务完成后，做如下检查：

1. 是否注意规范操作：____。
2. 是否按照流程进行操作：____________________________________。
3. 台账报表填写是否正确：____________________________________。

五、评价反思

在教师的指导下，反思自己的工作方式和工作质量。

评价表

项目	评价指标	自评	互评
专业技能	正确完成车站施工作业请点与销点	□合格　□不合格	□合格　□不合格
	按照任务要求完成作业内容	□合格　□不合格	□合格　□不合格
	完整填写工作页	□合格　□不合格	□合格　□不合格
工作态度	着装规范，符合职业要求	□合格　□不合格	□合格　□不合格
	仔细查阅相关资料和认真学习相关材料	□合格　□不合格	□合格　□不合格
	目标明确，配合默契	□合格　□不合格	□合格　□不合格
个人反思	完成任务的安全、质量、时间和 6S 要求，是否达到最佳程度，请提出个人改进建议		
教师评价	教师签字 年　月　日	成绩 □合格	 □不合格

任务工单 5.2　工程车开行演练

任务名称	工程车开行演练	学时		班级	
学生姓名		学生学号		任务成绩	
实训设备、工具及仪器	车站联锁设备	实训场地	理实一体化教室	日期	
任务描述	本任务通过模拟布置工程车走行的进路，使学生加深对工程车开行时行车组织过程的了解，掌握工程车开行时车站进路排列与工程车通行的要求和过程。				

一、资讯

1. 工程车主要担负着________、________、供电设备和线路维修、线路和接触网检测、钢轨打磨修复等工作。

2. 工程车司机乘务组一般由两名司机组成，一名司机担任________，一名司机担任________。

3. 正线上内燃机车运行速度为________。

二、要求

1. 任务以小组进行。
2. 遵守实训室安全管理规定。
3. 明确任务目标，确定任务实施内容及人员分工。
4. 注意工程车开行环节正确，保证行车安全。

三、任务实施

基于重庆轨道交通工程车开行流程，以小组为单位，模拟正线非运营时间工程车开行走行进路布置与工程车在车站的通行作业。

如图 5-1 所示，某日夜间某线路部门工程车 A01 从马家岩车场出来经高庙村上行开往较场口至七星岗上行区间往返作业，作业完毕后经较场口至七星岗渡线至七星岗下行返回至高庙村下行经入段线返回车场。

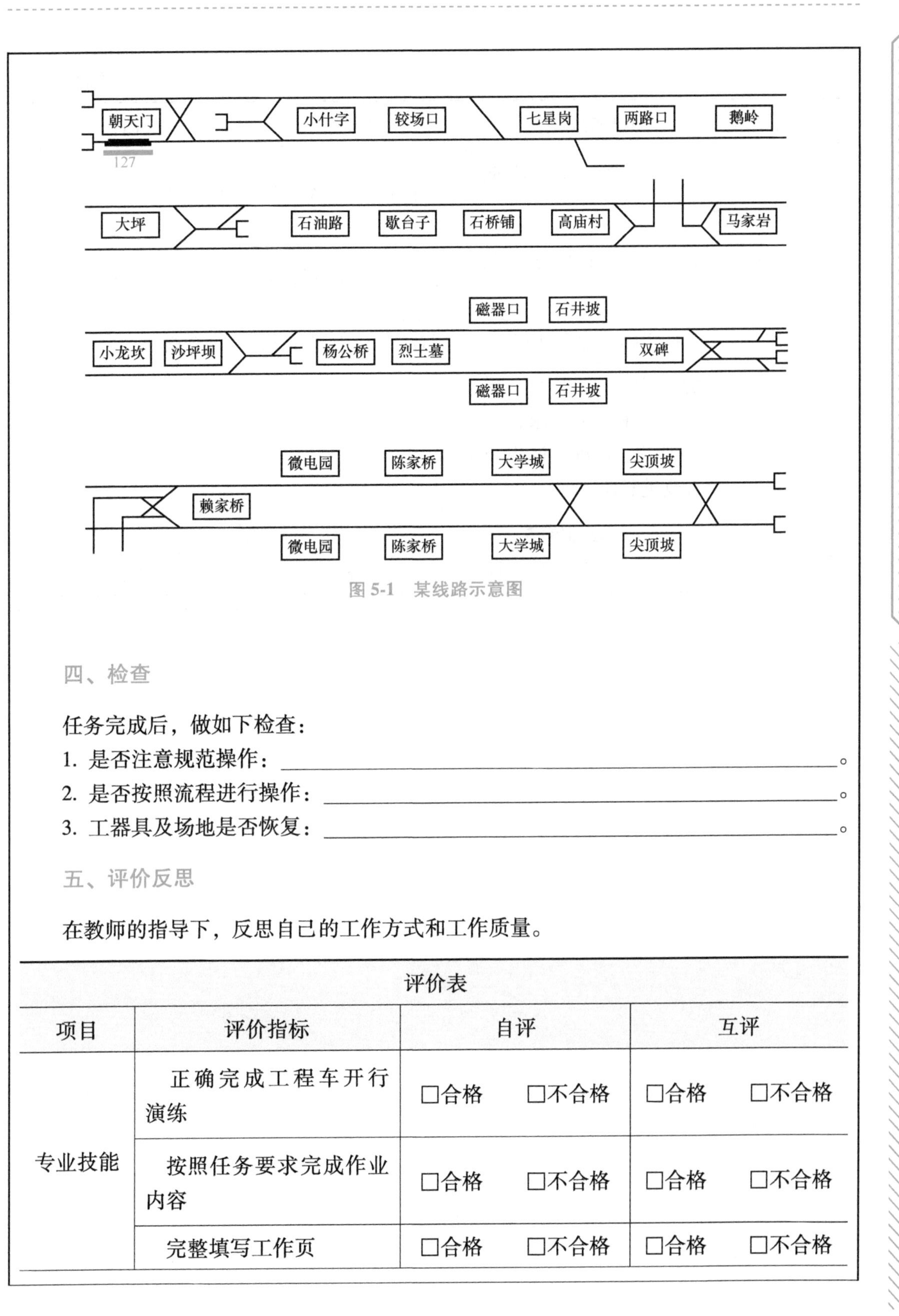

图 5-1　某线路示意图

四、检查

任务完成后，做如下检查：

1. 是否注意规范操作：________________。
2. 是否按照流程进行操作：________________。
3. 工器具及场地是否恢复：________________。

五、评价反思

在教师的指导下，反思自己的工作方式和工作质量。

评价表

项目	评价指标	自评		互评	
专业技能	正确完成工程车开行演练	□合格	□不合格	□合格	□不合格
	按照任务要求完成作业内容	□合格	□不合格	□合格	□不合格
	完整填写工作页	□合格	□不合格	□合格	□不合格

（续）

项目	评价指标	自评		互评	
工作态度	着装规范，符合职业要求	□合格	□不合格	□合格	□不合格
	遵守工程车开行相关规定	□合格	□不合格	□合格	□不合格
	目标明确，配合默契	□合格	□不合格	□合格	□不合格
个人反思	完成任务的安全、质量、时间和6S要求，是否达到最佳程度，请提出个人改进建议				
教师评价	教师签字 年　月　日	成绩			
		□合格		□不合格	

任务工单 6.1　设备故障之计轴区段红光带故障应急处理

任务名称	设备故障之计轴区段红光带故障应急处理	学时		班级	
学生姓名		学生学号		任务成绩	
实训设备、工具及仪器	车站联锁设备	实训场地	理实一体化教室	日期	
任务描述	本任务主要针对当地铁计轴区段出现红光带故障时，模拟对计轴区段进行直接复位的应急处理流程。通过模拟，使学生掌握计轴区段直接复位的处理流程和相关岗位间的互相联系并清楚应急处理中列车运行组织方法。				

一、资讯

1. 联锁、轨道电路、ATP 轨旁设备出现故障时及列车紧急制动以后采用__________。
2. __________指的是 ATP 保护下的人工驾驶模式。

二、要求

1. 任务以 5 人为小组进行练习。
2. 练习过程中理清作业流程和行车标准用语。
3. 收集在练习中存在的问题，联系教师及时提问解决。
4. 练习后以小组为单位进行应急处理项目实施考核。

三、任务实施

模拟某地铁黄茅坪至欢乐谷（图 6-1）上行 TAZ0104、TAZ0202 计轴区段红光带故障。让学生分别扮演行车调度员、车站值班员、列车司机、通号部生产调度员及信号值班员。

1. 模拟车站值班员发现故障，报告行车调度员。

2. 行车调度员联系司机停车并通知通号部生产调度员、线路值班主任，下达调度命令。

3. 生产调度员通知信号值班员赶赴现场，车站值班员通知信号值班员进行直接复位处理故障。

4. 故障恢复，司机按照行车调度员指示运行。

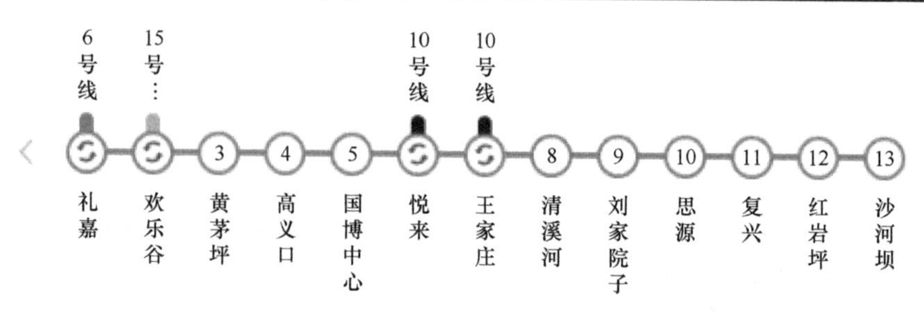

图 6-1　某地铁线路图

5. 练习过程中，收集存在的问题。
6. 教师针对每小组解决问题。
7. 教师考核，学生评价。
8. 对任务内容的学习情况进行总结。

四、检查

任务完成后，做如下检查：

1. 是否注意安全操作：________________。
2. 是否按照流程进行操作：________________。
3. 工器具及场地是否恢复：________________。

五、评价反思

在教师的指导下，反思自己的工作方式和工作质量。

评价表

项目	评价指标	自评		互评	
专业技能	正确完成计轴区段红光带故障应急处理	□合格	□不合格	□合格	□不合格
	按照任务要求完成作业内容	□合格	□不合格	□合格	□不合格
	完整填写工作页	□合格	□不合格	□合格	□不合格
工作态度	着装规范，符合职业要求	□合格	□不合格	□合格	□不合格
	仔细查阅相关资料和认真学习相关材料	□合格	□不合格	□合格	□不合格
	目标明确，配合默契	□合格	□不合格	□合格	□不合格

（续）

项目	评价指标	自评	互评
个人反思	完成任务的安全、质量、时间和 6S 要求，是否达到最佳程度，请提出个人改进建议		
教师评价	教师签字 年　月　日	成绩 □合格	 □不合格

任务工单 6.2　设备故障之道岔信号故障应急处理

任务名称	设备故障之道岔信号故障应急处理	学时		班级	
学生姓名		学生学号		任务成绩	
实训设备、工具及仪器	OCC 中心控制台、模拟驾驶台等	实训场地	理实一体化教室	日期	
任务描述	本任务主要针对当道岔出现无法动作故障时，模拟行车组织和故障应急处理流程。通过模拟，使学生掌握道岔故障时的处理流程和相关岗位间的互相联系并清楚应急处理中列车行车组织方法。				

一、资讯

1. 信号设备故障主要包括__________、__________、__________、__________和__________等。
2. 当信号联锁系统发生故障时，一般采用__________组织行车。
3. 轨道电路故障一般分为__________和__________轨道电路故障。
4. 道岔故障一般分为________________和________________。

二、要求

1. 任务以 5 人为小组进行练习。
2. 练习过程中理清作业流程和行车标准用语。
3. 收集在练习中存在的问题并联系教师及时提问解决。
4. 练习后以小组为单位进行应急处理项目实施考核。

三、任务实施

某地铁 630 列车经过悦来车站 PZ0501 道岔时产生紧急制动（图 6-2）。

1. 让学生分别扮演行车调度员、车站值班员、列车司机、车站工作人员，模拟 PZ0501 道岔故障的处置过程。
2. 模拟行车调度员发现故障，下放“站控”权，通知相关维修部门。
3. 车站工作人员现场排进路、锁闭道岔以及引导行车。
4. 司机切换驾驶模式，根据行车调度员指示行车。

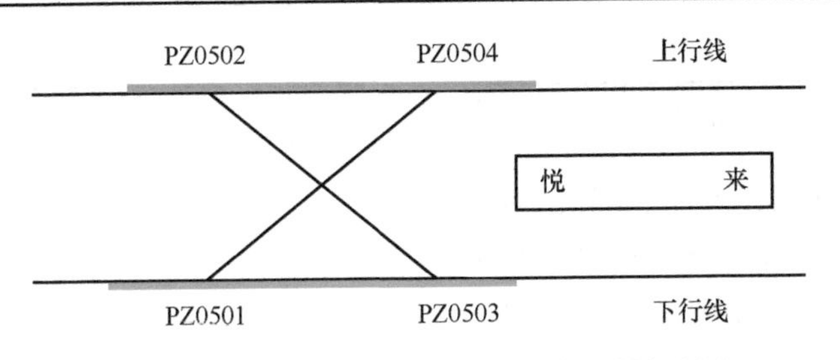

图 6-2　悦来车站 PZ0501 道岔时产生紧急制动

5. 模拟故障恢复，现场工作人员汇报行车调度员。
6. 练习过程中，收集存在的问题。
7. 教师针对每小组解决问题。
8. 教师考核，学生评价。
9. 对本任务内容的学习情况进行总结。

四、检查

任务完成后，做如下检查：
1. 是否注意规范操作：________________。
2. 是否按照流程进行操作：________________。
3. 工器具及场地是否恢复：________________。

五、评价反思

在教师的指导下，反思自己的工作方式和工作质量。

评价表

项目	评价指标	自评		互评	
专业技能	正确完成道岔信号故障应急处理	□合格	□不合格	□合格	□不合格
	按照任务要求完成作业内容	□合格	□不合格	□合格	□不合格
	完整填写工作页	□合格	□不合格	□合格	□不合格
工作态度	着装规范，符合职业要求	□合格	□不合格	□合格	□不合格
	仔细查阅相关资料和认真学习相关材料	□合格	□不合格	□合格	□不合格
	目标明确，配合默契	□合格	□不合格	□合格	□不合格

（续）

项目	评价指标	自评	互评
个人反思	完成任务的安全、质量、时间和6S要求，是否达到最佳程度，请提出个人改进建议		
教师评价	教师签字 年　月　日	成绩 □合格	 □不合格

任务工单 6.3　突发火灾应急处理演练

任务名称	突发火灾应急处理演练	学时		班级	
学生姓名		学生学号		任务成绩	
实训设备、工具及仪器	灭火器等	实训场地	理实一体化教室	日期	
任务描述	本任务是通过地下火灾演练，强化学生处理客伤事件的应急技能，进一步巩固岗位职责，使学生不仅仅知道客伤事件该如何处理，关键是会妥善处理、迅速处理。				

一、资讯

1. 一旦车站发生火灾后，司机应立即报告______，并报告 119 火警和 110 报警中心。

2. 列车着火后，应对______进行安抚情绪，然后再把车内火灾情况向______进行报告，并指导乘客使用车厢中的灭火器灭火进行自救。

二、要求

1. 根据所设置的情景，合理设置细节，制订突发事件处理方案。
2. 人员岗位分工明确，各岗位人员清楚自身职责与处理程序。
3. 物资准备齐全，运用合理。
4. 遵守规章制度，正确处理事件，同时做好重点旅客服务工作。
5. 有针对性地对事件进行原因分析、提出预防措施。
6. 台账填写规范具体，原因分析有理有据，预防措施科学可行。

三、任务实施

某日高峰期，轨道交通 1 号线，D 站（地下站）发生火灾，引起火灾的原因是一名乘客将所买的油泼洒在站厅层地面，迅速用打火机点燃，故意纵火，然后逃走，火势向公共区蔓延，厅巡员发现火情后，立即报告车控室，车站启动车站火灾应急处理预案，线路、车站、在线列车情况如图 6-3 所示。

1. 根据突发火灾情境及岗位需求，确定小组人数。
2. 按照行车调度员、车站值班员、站务员等不同岗位接受应急演练任务。
3. 每个小组讨论制订处理方案。

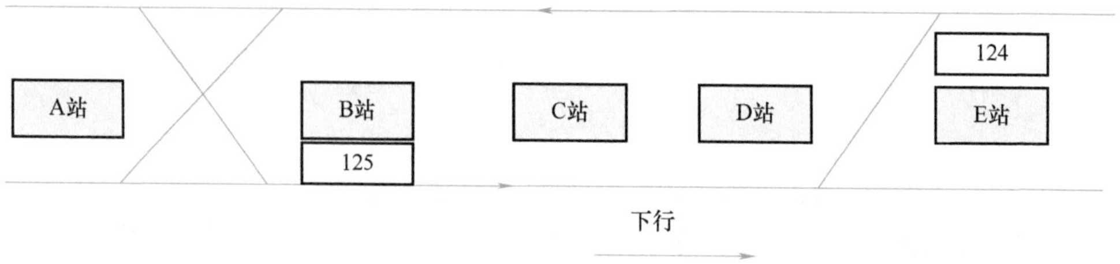

A站 B站 125 C站 D站 124 E站 下行

图 6-3 线路、车站、在线列车情况

4. 练习过程中，收集存在的问题。
5. 教师针对每小组解决问题。
6. 教师考核，学生评价。
7. 对本任务内容的学习情况进行总结。

四、检查

任务完成后，做如下检查：
1. 是否注意规范操作：________________。
2. 是否按照流程进行操作：________________。
3. 工器具及场地是否恢复：________________。

五、评价反思

在教师的指导下，反思自己的工作方式和工作质量。

评价表

项目	评价指标	自评		互评	
专业技能	正确完成突发火灾应急处理演练	□合格	□不合格	□合格	□不合格
	按照任务要求完成作业内容	□合格	□不合格	□合格	□不合格
	完整填写工作页	□合格	□不合格	□合格	□不合格
工作态度	着装规范，符合职业要求	□合格	□不合格	□合格	□不合格
	仔细查阅相关资料和认真学习相关材料	□合格	□不合格	□合格	□不合格
	目标明确，配合默契	□合格	□不合格	□合格	□不合格

（续）

项目	评价指标	自评	互评
个人反思	完成任务的安全、质量、时间和 6S 要求，是否达到最佳程度，请提出个人改进建议		
教师评价	教师签字 年　月　日	成绩 □合格	 □不合格

任务工单 6.4 特殊情况下列车救援组织演练

任务名称	特殊情况下列车救援组织演练	学时		班级	
学生姓名		学生学号		任务成绩	
实训设备、工具及仪器	应急处理预案等	实训场地	理实一体化教室	日期	
任务描述	按照行车调度员、车站值班员、站务员等不同岗位接受应急演练任务，进一步巩固岗位职责，培养学生良好的职业素养以及及时处理事故和采取救援措施的应变能力。				

一、资讯

1. 按救援作业实施位置划分，救援可分为____________和____________两种。
2. 电客车担任救援列车时原则上应先____________后执行救援任务。
3. 根据需要放上行方向列车在下行线运行或下行方向列车在上行线运行时，称为____________。
4. 列车反方向运行时，司机得到行车调度员准许反方向的电话调度命令，改用切除 ATP 模式，限速________运行，凭车站的引导接车手信号进站。
5. 当列车需要扣停时，行车调度员应在________操作。

二、要求

1. 根据所设置的情景，合理设置细节，制订突发事件处理方案。
2. 人员岗位分工明确，各岗位人员清楚自身职责与处理程序。
3. 物资准备齐全，运用合理。
4. 遵守规章制度，正确处理事件，同时做好重点旅客服务工作。
5. 针对性地对事件进行原因分析、提出预防措施。
6. 台账填写规范具体，原因分析有理有据，预防措施科学可行。

三、任务实施

某日，231125110 次列车在 C 站至 D 站下行线区间故障，被迫停车且在规定时间内无法排出故障，司机向行车调度员请求救援，行车调度员利用在线运行的 191124201 此担任救援，将故障列车送回车辆段，各站及故障列车、救援列车、车辆段位置如图 6-4 所示。

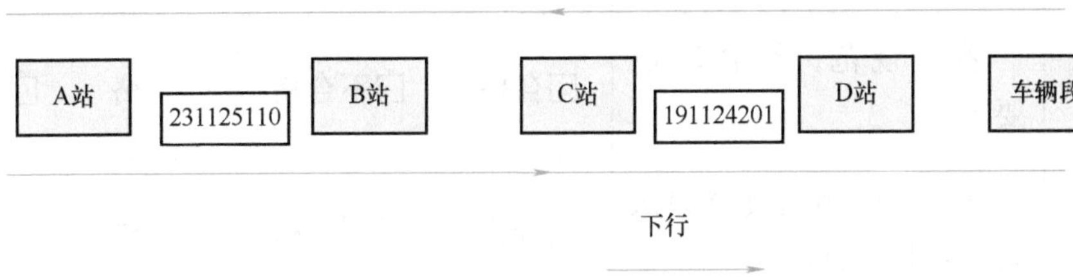

A站　231125110　B站　C站　191124201　D站　车辆段

下行

图 6-4　各站及故障列车、救援列车、车辆段位置示意图

1. 根据救援组织情境及岗位需求，确定小组人数。
2. 按照行车调度员、车站值班员、站务员等不同岗位接受应急演练任务。
3. 每个小组讨论制订处理方案。
4. 练习过程中，收集存在的问题。
5. 教师针对每小组解决问题。
6. 教师考核，学生评价。
7. 对本任务内容的学习情况进行总结。

四、检查

任务完成后，做如下检查：

1. 是否注意规范操作：________________________________。
2. 是否按照流程进行操作：________________________________。
3. 工器具及场地是否恢复：________________________________。

五、评价反思

在教师的指导下，反思自己的工作方式和工作质量。

评价表

项目	评价指标	自评		互评	
专业技能	正确完成特殊情况下列车救援组织演练	□合格	□不合格	□合格	□不合格
	按照任务要求完成作业内容	□合格	□不合格	□合格	□不合格
	完整填写工作页	□合格	□不合格	□合格	□不合格

（续）

项目	评价指标	自评		互评	
工作态度	着装规范，符合职业要求	□合格	□不合格	□合格	□不合格
	仔细查阅相关资料和认真学习相关材料	□合格	□不合格	□合格	□不合格
	目标明确，配合默契	□合格	□不合格	□合格	□不合格
个人反思	完成任务的安全、质量、时间和6S要求，是否达到最佳程度，请提出个人改进建议				
教师评价	教师签字 年 月 日	成绩			
		□合格		□不合格	